Gedichte und Lyrik für die Seele

Liebe Oma,

Auch wenn du schon sehr lange nicht mehr unter uns weilst, so bleibst du stets in meinem Herzen.
Durch dich durfte ich erfahren, wie es sich anfühlt, ohne Wenn und Aber geliebt zu werden.
Du warst es, die mich schon immer so gesehen hat, wie ich wirklich bin.
Deine Liebe und unsere kleinen Geschichten, die unsere Herzen für immer im gleichen Takt schlagen lassen, haben mich inspiriert, mein Innerstes in zarte, liebevolle Worte zu kleiden und so nach außen strömen zu lassen.

Ich bin dir unendlich dankbar für all deine Geschenke, die du mir mitgegeben hast.

Und eines Tages werden wir uns wiedersehen, in die Arme fallen und es wird sein, als ob wir uns erst gestern Lebewohl gesagt haben.

In Liebe,

deine Enkelin Yvonne

Yvonne Fitzner

Gedichte und Lyrik für die Seele

Du und Ich

Bibliografische Information der Deutschen Nationalbibliothek:
Die Deutsche Nationalbibliothek verzeichnet diese Publikation in der Deutschen Nationalbibliografie; detaillierte bibliografische Daten sind im Internet über http://dnb.dnb.de abrufbar.

2. Auflage, © 2020 Yvonne Fitzner

Illustration: **www.pixabay.de**

Herstellung und Verlag: BoD – Books on Demand, Norderstedt

ISBN: 978-3-744873833

Inhaltsverzeichnis

Vorwort

Dieses Büchlein ist eine kleine Reise zum
Mittelpunkt deines Seins. Eine Reise zu dir, zu
mir, zu uns. Auf diesem Weg kommst du mit all
deinen Emotionen, Gedanken, Verhaltensweisen
und Glaubensmustern in Berührung.
Es gleicht einem Tanz mit dem Schatten und dem
Licht, einem Kampf – Gut gegen Böse,
einer Begegnung der Gegensätze und Polaritäten.

Alles darf sein, alles darf durchfühlt und
angesehen werden.
Lasse dich ein auf ein Abenteuer.
Der Weg ist völlig ungewiss, das Ziel jedoch
klar.
Du selbst, in deiner einzigartigen Nacktheit –
rein, klar und wunderschön.

In Liebe zu mir, zu dir, zu uns.
Von Anbeginn der Zeiten und darüber hinaus.
Ewig.

Yvonne

I.
Der erste Schritt...
Die Erkenntnis

1.

Ich treffe auf mich.
Sehe mich in dir.
Sehe all meine Facetten in dir, in mir.
Je näher ich mir komme,
desto tiefer fühle ich dich.
Alles was ich an dir ablehne,
mag ich bei mir nicht sehen,
ist es doch auch ein Teil von mir.
Die anfänglichen Versuche,
von dir wegzukommen, wegzulaufen,
endeten in purer Erschöpfung.
Es ist nicht möglich vor sich selbst zu fliehen.
Also lasse ich mich fallen,
in mich selbst hinein.
Und wir sind es letzten Endes,
die mich, dich, uns auffangen.
In dem Ausmaß, wie ich mich selbst liebe,
ist auch nur die Liebe zu dir möglich.
Liebe ich mich ohne Wenn und Aber,
liebe ich dich bedingungslos.

2.

Was aber, wenn ich mich nicht will?
Was tun, wenn ich mich in dir nicht
begegnen möchte?
Wohin soll ich nur springen,
wenn ich dieses
Feuer meines Abgrundes nicht fühlen will?
Alles in mir wehrt sich, den nächsten
entscheidenden Schritt zu gehen.
Alles? Ich fühle ehrlich in mich hinein –
Nein. Es ist nicht alles, es ist ein kleiner Anteil,
der alles beinhaltet.
Angst.
Mein Ego hat Angst.
Zurecht.
Lasse ich die vollkommene Begegnung in mir
mit dir zu, so würde es im Feuer meiner Tiefen
verbrennen.
Stille.

3.

Wenn ich mich so ansehe,
so sehe ich eine wunderschöne Frau,
sehe, wie die Liebe fließt.
Spüre vollkommene Hingabe an das Leben,
ausgesöhnt mit allem was ist.
Schaue ich noch tiefer, weit unter die Oberfläche,
hinunter in den dunklen Schlund
zur tiefsten Stelle meines Seins,
erblicke ich ein kleines Mädchen,
ängstlich, unsicher und zart.
Dieses kaum sichtbare Mädchen,
so schreckhaft und wackelig sie auch sein mag,
strahlt mit einer Energie und Kraft,
dass es mir kaum möglich ist,
es aus – zu – halten.
Es ist wie ein Sog –
je länger ich sie betrachte,
desto tiefer zieht es mich zu ihr hin.
Einen kurzen Moment bekomme ich Angst,
mag mich abwenden –
zu spät.
Tauche ein,
japse ein letztes Mal nach Luft
und verschmelze mit mir.

4.

Ich und Du.
Du und Ich,
sind ein und dasselbe.
Die ewige Suche
und das ewige rastlose.
Vorbei.
Angekommen im Hier und Jetzt.
So klar und sicher,
kein Wollen, nur sein.
Eins – sein,
Bereit – sein.
Für dich, mich, uns.
Synchron ist alles.
Die Melodie, der Rhythmus.
und der Tanz.
JETZT.

5.

Wenn ein Ich auf ein Du trifft
und feststellt, dass Ich und Du
ein und dasselbe sind,
ist die Explosion der Erkenntnis so
weitreichend,
dass ein Jeder von dem warmen Licht
in seiner Wahrhaftigkeit berührt wird.

6.

Zu erkennen, wer du wirklich bist,
ist ein so erhabenes und tief
einschneidendes Erlebnis, das kaum
in Worte zu kleiden ist.
Sich selbst in seiner Ganzheit und Weite
zu erleben – zu fühlen,
gibt erst die Möglichkeit frei,
dein Gegenüber in seiner Essenz zu sehen.

7.

Wir lernen durch die eigenen schmerzhaften
Erfahrungen im Leben;
Wir fallen hin, schürfen uns die Knie blutig
und wissen beim nächsten Mal,
dass es besser ist, an dem Stein vorbeizugehen,
anstatt der Meinung zu sein, man könnte darüber
springen und sich letztendlich in der Höhe zu
verschätzen.
Irgendwann kommt der Moment, an dem wir das
eigene schmerzhafte Lernen nicht mehr
benötigen.
Wir werden aufmerksamer, besonnener und
erkennen, durch dieses achtsame Beobachten
Anderer deren Fehler.
So müssen wir nicht Ähnliches erfahren.

II.
Vom Kampf zur
Annahme

1.

Eine niemals endende Geschichte.
Unendlich über alle Zeiten hinweg.
Jegliche Gefühle, jeder Schmerz,
alles Leid, aber auch diese einzigartige,
dauerhafte Liebe, die zu keinem Zeitpunkt
verblasst, all das ist in ihr gebettet.
Eine Liebe, die allem standhält.
Nichts, aber auch nichts lässt sie mindern,
oder gar schwinden.
Alles bewegt sich jenseits des Verstandes.
Es ist schier zum Verrücktwerden.
Kein Loslassen, Verdrängen oder
Abwenden ist möglich.
Jeder Widerstand erzeugt nur noch mehr
von dem, was der Verstand nicht will.
So bleibt nur das Annehmen dessen, was ist.
Es ist nichts Reales, nichts Sichtbares
oder gar zum Anfassen.
Es ist das Gefühl, die Gewissheit –
eine niemals endende Geschichte.

2.

Es ist nicht leicht, sich aus ungesunden
Beziehungsmustern zu lösen. Es schmerzt sogar
sehr. Gerade dann, wenn es doch die Menschen
sind, die wir so sehr lieben.
Oft halten wir durch bis zum bitteren Ende,
teilweise weit darüber hinaus.
Die Hoffnung, dass sich der Andere ändert oder
die Situation ist so groß, dass man bis zum letzten
Moment krampfhaft am Alten festhält.
Wir nehmen alles in Kauf, sogar unser
eigenes Sein. Aber warum?
Ist es vielleicht unsere eigene Angst vor
Veränderung? Unsere wahnwitzige Idee, so die
Kontrolle über unsere Umstände zu haben?
Lauthals schreien wir nach Freiheit,
Unabhängigkeit...nach einem besseren Leben –
übersehen aber dabei das Wesentliche:
Wie willst du etwas anderes in deinem Leben
erhalten, wenn du immer wieder nach deinen
alten Verhaltensweisen agierst?
Wie willst du Freiheit leben, wenn du dich
krampfhaft an ungesunde Gitterstäbe klammerst,
die dir vermeintliche Sicherheit suggerieren.
Wie willst du eine glückliche, freie und liebevolle
Beziehung leben, wenn in dir noch die alten
Beziehungsmuster am Wirken sind?

Ja... es tut weh, verdammt weh, ehrlich
hinzuschauen. Nur bei sich zu bleiben.
Ja...es tut weh, erschreckend weh,
all die weggedrängten Gefühle zu fühlen.
Ja... es zerreißt, es zerstört all das bedingungslos
zuzulassen, was sich zeigt.
Aber das was bleibt, was letztendlich bleibt, bist
DU,
rein, klar, nackt, wunderschön, erschöpft,
jedoch endlich frei.

3.

Höre auf gegen dich selbst zu kämpfen,
du kannst nur verlieren.
Lass all deine Waffen und Mauern fallen.
Spüre dich, spüre alles,
was sich zeigt.
Lass dich von deinem Schmerz umarmen
und fühle, wie er leise Lebewohl sagt.

4.

Im Annehmen deines So-Seins,
im Akzeptieren all deiner Facetten
und Auslebungen,
lässt du automatisch jeden Widerstand fallen,
und gleitest mit dem Loslassen deiner
Ablehnung dir selbst gegenüber ganz sanft in
die Selbstliebe hinein.
Mehr ist nicht zu tun.
Gestatte dir einfach zu SEIN, wie du bist.

5.

Ich wiege dich
sanft in meinen Armen,
gebetet auf zarten, weichen Federn.
Tränen der Erleichterung laufen über dein
Gesicht.

Ich umarme dich,
gebe dir Halt nach der schweren Zeit.
Schenke dir deinen Raum,
um deine Flügel
entfalten zu können.

Ich sehe dich,
deinen wahren Kern, deine Sanftheit, Weichheit
hinter der nun bröckelnden und harten Schale.
Du darfst sein,
mit allem was ist.

Ich liebe dich,
trotz – oder gerade weil du DU bist.
Die Liebe zu dir wächst aus der Liebe zu mir,
gehalten, gewogen, umarmt, gesehen und
unendlich geliebt.

6.

Ich sehe mich an,
es ist nichts mehr zu tun,
nichts mehr zu sagen,
es wurde alles gegeben,
alles Erdenkliche gemacht.
Die Hand ist gereicht.
Und du weißt es.

Ich sehe mich an,
darf endlich einfach nur sein.
Mich dem Leben mit weit ausgestreckten
Armen hingeben, mitfließen,
eintauchen, auftauchen,
springen, fallen,
tanzen, lachen,
Dinge machen,
die ich mich bisher nie getraut habe.
Es darf endlich einfach nur sein.

Ich sehe dich an,
es ist aus der Liebe heraus,
die alles so lässt, wie es ist;
die akzeptiert und ist.
Ich habe alles getan,
alles gesagt, alles gegeben.
Die Hand ist gereicht.
Und du weißt es.

7.

Du stehst in der Welt, lebst in dieser
Welt und siehst überall nur Feinde um dich
herum.
Bekämpfst sie, wehrst dich und lehnst
sie ab.
Ein ständiges Gefühl in Habachtstellung zu sein,
lässt dich nicht zu Ruhe kommen.
Dabei merkst du nicht,
dass du immerzu nur dich selbst bekämpfst.
Es ist deine eigene Ablehnung und der Hass
auf dich selbst, der sich im Außen
in aller Deutlichkeit zeigt. Der Schlüssel ist,
die Liebe zu dir selbst entfachen zu DÜRFEN.
Werde still und fühle – spüre, was sich zeigt und
warum du dich so wenig magst.

8.

Haben wir den Mut, uns auf den beschwerlichen
Weg zu uns selbst zu machen,
unsere Einzigartigkeit aus den fest umwickelten
Leinen der trügerischen Schutzmauer zu befreien.
Sind wir bereit, jede einzelne Facette unseres
Seins liebend anzunehmen,
so erstrahlen wir durch unsere pure gefestigte
Präsenz.

III.
Loslassen

1.

Loslassen ist so eine Sache,
mein Kopf weiß genau wie es geht.
Loslassen ist wie frei-lassen, sein-lassen,
in Liebe den Dingen ihre Zeit lassen.
Lass alles in Ruhe reifen und kümmere dich um
deine Angelegenheiten,
weiß mein kluger Kopf.

Loslassen ist so eine Sache,
mein Kopf weiß genau wie es geht.
Erst leise und dann lauter hauen meine
Emotionen in das so schöne Kopfgefüge.
Jede erdachte Theorie –
dahin, kaputt und zerschlagen.
Die Emotionen kichern leise.

Loslassen ist so eine Sache,
mein Kopf weiß genau wie es geht.
So liege ich erschöpft am Boden,
die Hände schmerzen sehr
vom langen Festhalten.
Mein Körper ist verkrampft,
ich habe keine Kraft mehr.
So kommt, was kommen muss,
ich lasse los, da nichts mehr geht.

2.

Erst wenn du alles radikal in dir verbrannt hast,
jedes Sehen, jeden Wunsch,
alles Verlangen und Begehren fallen
gelassen hast, erst dann wirst du wahrhaftig frei
sein. Eine kompromisslose Freiheit ungeahnten
Ausmaßes.
Sei dir im Klaren, dass es ein Prozess,
eine Entwicklung ist, die jenseits vom Verstand
stattfindet.
Deine Bereitschaft, Hingabe und deine Liebe zu
dir selbst sind der erste Schritt in den Prozess
hinein.

3.

Weißt du eigentlich,
wie schön du bist?
Ist dir bewusst, wieviel Liebe in dir ist?
Jetzt, wo die Masken fallen,
die Mauern niedergerissen werden,
dein Innerstes nun nach außen dringt.
Ich bin entzückt,
mein Herz hüpft vor Freude.
Endlich sehe ich DICH.
Endlich zeigst du dich.
Weißt du eigentlich,
wie schön du bist?

Ist dir bewusst,
wieviel Größe in dir ist?
Keine Fesseln mehr,
nichts was dich einsperrt,
dich zurückhält von dem,
was du wirklich bist.
Ich bin verzaubert
von deinem Anblick deiner
Wahrhaftigkeit.
Endlich sehe ich DICH,
endlich zeigst du dich.
Ist dir bewusst,
wieviel Größe in dir ist.

Spürst du nun,
wer du wirklich bist?
Fühlst du endlich,
was solange unterdrückt und
weggesperrt war?
Alles liegt frei,
so wundervoll und strahlend.
Ich bin hingerissen,
verzaubert und entzückt.
Endlich sehe ich DICH,
endlich zeigst du dich.
Spürst du nun,
wer du wirklich bist?

4.

Erinnerungen so schmerzhaft schön,
sie holen dich ein,
immer wieder und wieder.
Du tauchst ein, schwimmst mit
schmeckst erneut den
faden Beigeschmack der durchgekauten
Bilder und Worte von längst vergangenen Zeiten.
Du verlierst dich in deinen Memoiren
und Phantasien, nährst die Seifenblase
der Illusion und merkst nicht,
wie das Leben an dir vorbeizieht.
Erinnerungen, so schmerzhaft schön,
lass sie liebevoll in deinem Herzen ruhen.
Blick nach vorn und erlaube dem Leben
dich ins Hier und Jetzt zu tragen.

IV.
Wie die Angst zum Mut wurde

1.

Es ist zu spät,
die Schultern hängen,
eine Träne fließt leise über das Gesicht.
Sie ist nicht gekommen.
Es sollte nicht sein.
So nimmst du dein Büchlein und
malst deinen Schmerz,
schreibst die Zeilen in der Dunkelheit,
unbemerkt und ungesehen von der Außenwelt.

Es ist zu spät, raunst du verzweifelt vor dich hin.
Zu lange gewartet, zu lange gezögert.
Sie war nicht da,
als dich der Mut in die Bewegung zwang.
Es ist nicht zu spät,
flüstert dein Herz kaum hörbar in dein Ohr.
Male nicht mehr im Stillen und tritt
erhobenen Hauptes hervor.

2.

Ich kann nicht anders,
kann nicht mehr
dagegen gehen,
mich sperren,
mich weigern und davonrennen.

Es ist so, dass egal was ist,
mein Herz nun spricht,
ohne Unterlass
und nur mit dir.

Meine Seele, deine Seele,
ganz gleich welcher Teil
verschmelzen derweil
zu einem einzigen
Du – Wir – Ich.

Gezogen vom Sog der Liebe
fliege, siege ich allmählich
sanft zu dir.
Der Hauch meiner Gegenwart
streift leise deinen Nacken.

3.

Sei mutig, öffne dich für dein
wundervolles Sein.
Mach deine Fenster vom Herzen weit auf.
Zu lange waren sie verschlossen,
aus Angst vor Schmerz und Pein.
Es darf fließen, es darf weit werden.
Du darfst weinen, schreien, wüten,
dich zu Boden schmeißen, wälzen,
alles was jetzt ist, darf sein.
Du darfst sein!
Denn du bist unendlich geliebt, gewollt und
willkommen.

4.

So verbringen wir schlafend unser Dasein.
Unser Leben erscheint grau und trist,
wenn wir nicht den Mut finden, unsere inneren
Ketten zu sprengen und in allen Bereichen, die
für uns wichtig sind aktiv werden.
Der Berg wird nicht zum Propheten kommen.
Jedoch kann es passieren, dass der Berg dich mit
seinem zauberhaften Antlitz lockt und dir leise
die Hand reicht.
Gleichwohl bedarf es zuerst deines beherzten
Wollens, die ersten Schritte zu gehen.
Mit offenem und mutigen Blick vermag man nun
die kaum sichtbar gereichte Hand des Berges
sehen.

5.

Rücken an Rücken stehen sie.
Abwartend, zögernd und unsicher
der Eine,
sicher, stabil und getragen
die Andere.

Die Angst, sie lähmt den Einen
und schlängelt sich immer weiter und
fester um sein weit geöffnetes Herz.

Es ist nicht so, dass der Eine nicht wollte,
er kann im Moment einfach nicht.
Zu unsicher und irritierend ist das,
was ihm das Außen zeigt.

Sie, die Eine, die Wahre,
die dein Herz berührt,
in deren Antlitz du dich selbst erkennst,
zeigt dir lediglich deine Ängste.
Schaust du tiefer, erkennst du,
dass sie fühlt wie du.

6.

Zweifel über Zweifel.
Soll ich es wagen
oder bleibe ich im Alten?
Es ist nicht so,
dass ich nicht will.

Oh ich will, ich will,
aber mein Herz hat Angst
vor Schmerz und Leid,
soviel ertragen die vergangene Zeit.

Ich stehe hier,
so dicht bei dir,
gut versteckt hinter meiner Mauer,
sehe dich, beobachte dich.

Es ist nicht so,
dass ich nicht will;
Oh ich will, ich will!
So verlasse ich das vertraute Alte.

7.

Wie ein Schatten bin ich hier,
folge leise den Klang deiner Schritte.
Es ist das, was noch blieb von dir.

Zeigte ich mich doch stets so kühn,
bereue ich es heute zutiefst.
Habe mich selbst um dich betrogen.

Gäbe es nur noch eine Chance,
oh ich würde sie nutzen.

8.

Langsam und mit List
schlängelt sich die Angst um deine Brust.
Es wird enger, immer enger.
Das Atmen fällt dir schleichend schwerer.

Auf der Stelle stehend, kreisend
die Gedanken ohne Unterlass.
Die Gitter der Starre
ließen keine Bewegung zu.

In der Hand der Schlüssel
zum Schloss der Ketten,
die dir die Luft zum Atmen nehmen.
Die Arme frei, die ganze Zeit.

Mutig der,
der sich seiner selbst bemächtigt.
Erkennt, dass er leibhaftig der Schlüssel zur
Freiheit ist.

9.

Es erfordert Mut und Kraft, sich seinen tiefsten
Ängsten, seinem größten Schmerz zu stellen.
Gerade in der heutigen Zeit bleibt kein Stein
mehr auf dem anderen. Alles, was auf einer Lüge,
einem grellen Schein aufgebaut ist, wird dir
entrissen.
Es nützt nichts, dich krampfhaft weiter an dem
ungesunden, alten Ballast festzuklammern,
ist doch die bequeme, zerschlissene Couch der
Gewohnheit ein stückweit mit Sicherheit
verbunden.
Mit Nichten geht es darum, dich zu ärgern oder
dich ins Unglück zu stürzen. Auch wenn es sich
im Moment als die größte und zerstörende
Katastrophe anfühlen mag, so ist es als ein
wahrhaftiger Segen gedacht.
Solange du dich selber als deinen ärgsten
Widersacher, deinen schlimmsten Feind
wahrnimmst und mit deinem Spiegelbild in den
Ring des Hasses steigst, kannst du nur verlieren.

10.

Nur wenn wir bereit sind, uns so zu
zeigen, wie wir wirklich sind,
kann auch erst das zu uns kommen,
was auch wirklich passt – auf jeder Ebene.
Hier liegt die wahre Schönheit eines Menschen
verborgen, in seiner einzigartigen und
individuellen Essenz seines Seins –
gut verpackt mit schwerem Stoff
gesellschaftlicher Konditionierungen,
Glaubensmustern und antrainierten
Verhaltensweisen.
Bist du bereit, dich davon zu lösen?
Hast du den Mut, dich so zu zeigen,
wie du wirklich bist?

11.

Der Weg war so lang,
der Beigeschmack aufzugeben,
alles hinzuschmeißen war immer präsent.
Tapfer und mit letzter Kraft setzte ich weiter
mutig einen Fuß vor dem anderen.
Sah hin, was sich zeigte.
Auch wenn das Gezeigte über alle
Maßen schmerzte.
Nun stehe ich am Ziel, die Türen sind weit auf.
Es ist nur noch ein Schritt von Nöten,
zum Durschreiten des ersehnten Tores.
Es ist die übermächtige Angst,
die mich zurückhält im gewohnten Alten.
Die Angst, wahrhaftig zu leben, die Furcht,
tatsächlich zu lieben und
damit jegliche Kontrolle,
meinen schweren Schutzpanzer fallen
zulassen. Oh ich glaubte, dieses längst
überwunden
zu haben...

Wie ich irrte.
Sie ist da – alles ist wieder da.
So darf ich ein letztes Mal hinsehen, annehmen
und mich hingeben,
den Mut fassen und endlich gehen.

V.
Die Liebe zum Ich

1.

Mein geliebtes Ich,

ich möchte dich heute um Verzeihung bitten,
aus der Tiefe meiner Seele.
Mein ganzes bewusstes Leben lang, habe ich dich
nie richtig wahrgenommen. Ich habe anderen
mehr glauben geschenkt, wie sie mich meinten zu
sehen und dieses für wahr gehalten.
Habe mich selbst verraten, verleugnet, verbogen -
war ein Meister der Masken, ein tollkühner,
gewiefter Schauspieler, nur um ein bisschen
Anerkennung und Liebe zu erhaschen.
Habe mich verkauft, mich klein gemacht und
erniedrigt, nur um gesehen zu werden.
Ich bitte dich, mein geliebtes Selbst,
verzeih mir.
In all den Jahren habe ich mich Stück für Stück
wiederfinden dürfen. Habe mich hinter meinen
Mauern und Gitterstäben in der dunkelsten Ecke
entdeckt.
Fühlte mich nicht würdig nach vorne ins Licht zu
treten.
Es brauchte Zeit und viel Geduld,
all meine Facetten nach und nach
behutsam zu beleuchten.

Oh es tat weh, furchtbar weh.
Aber das, was da zum Vorschein kam, war so
unbeschreiblich berührend und
zauberhaft schön, dass mir hierfür die Worte
fehlen.
Ich bin, die ich bin.

2.

Alles was ich tue,
tue ich für mich.
Dabei ist es nicht wichtig,
ob es dir gefällt,
oder was du davon hältst.
Es spielt für mich keine Rolle,
was ich damit bei dir auslöse,
oder gar ins Rollen bringe.
Einzig wenn es mich selbst in meinen
Tiefen, in meinem Kern berührt,
einzig dann habe ich mein Ziel erreicht.

Alles was darüber hinaus geht,
wenn es auch dich berührt,
dich in deinem Herzen erreicht,
deine Seele streichelt,
dich ermutigt deinen Weg zu
gehen,
erfüllt mich mit tiefer Freude und Demut
zugleich.
Es ist die Gnade der Quelle,
von der ich, du, wir gefüllt werden.

3.

Aus der Mitte heraus im Leben zu stehen,
mit allem was ist in Frieden zu sein.
Endlich seine eigenen Töne zu hören,
seine eigenen Lieder zu spielen
und im eigenen Takt zu tanzen.
Trotzdem oder vielleicht genau
deshalb ist da diese nicht zuzuordnende
Aufregung.
Dieses Kribbeln im Bauch.
Eine Freude in mir, die vorher nie
dagewesen war.
Eine Freiheit ungeahnten Ausmaßes.
Nichts mehr zu wollen,
weil nichts mehr gebraucht wird.
Alles ist genau richtig, so wie es ist.
Ich danke mir, dir, uns für diese unglaubliche
Reise zu mir, dir, uns.
Angekommen.

4.

Geliebtes Du,
glaubst du wirklich, dass du dich zum
Erreichen deiner Herzenswünsche an den so
wichtigen Punkten wie Selbstwert und
Eigenliebe vorbeischleichen kannst?
Schau dir bewusst an, wie es bei dir in diesen
Bereichen aussieht.
Liebst du dich wirklich? Radikal alles?
Auch die dunklen, gut versteckten Seiten?
Schätzt du dich? Ehrst du dich?
Sei gnadenlos ehrlich mit dir!
Wer ein aufrichtiges Leben mit der
wahren Liebe leben will, kommt an die
Grundpfeiler Selbstliebe, Wertschätzung
und kompromisslose Integrität nicht vorbei.

5.

Ich bin für dich da,
liebe dich so, wie du bist.
Begleite dich, wie es in meinen
Machbarkeiten möglich ist.
Doch wisse, meine Bereitschaft dir zu
helfen hat auch Grenzen.
Die Zeit ist kostbar
und wenn du leiden willst,
so leide.
Wenn du deine Verantwortung
nicht annehmen magst,
so lass es.
Wenn du dich nicht bewegen möchtest,
dann bleibe in der
gewohnten Position.
Es ist in Ordnung für mich
und ändert nichts an der Liebe zu dir.
Jedoch ist jegliche Aufmerksamkeit und
Hilfe meinerseits hier zu Ende.
Ich bin für dich da,
liebe dich so wie du bist.

6.

In dem Moment,
wo du aufhörst dem nachzujagen,
was andere von dir erwarten
und zu dem wirst,
der du wirklich bist,
demonstrierst du
gelebte Liebe.

8.

Immer da, für jeden erreichbar,
sanft ist dein Lächeln und mit offenem
Herzen gibst du alles von dir.
Deine Tür ist stets geöffnet, ganz gleich,
wie es tief in dir aussieht.
DU gibst, weil es dich ausmacht.
Viele Menschen sehen in dir eine
Lichtgestalt,
einen Heilsbringer, ja vielleicht bist du sogar
einem Engel gleich.
Doch hier an dieser Stelle mag ich mich etwas
eindringlicher an dich wenden.
Wie wundervoll du stets dein Licht für andere
hast scheinen lassen, ist es nun an der
Zeit, dir selbst deine Aufmerksamkeit und Liebe
zu widmen.
Die Gefahr auszubrennen ist hoch.
Es geht nicht darum ins Gegenteil zu fallen.
Vielmehr ist die Balance, die ausgewogene
Mitte nun mehr als wichtig.
Solltest du tatsächlich schon am Rande deiner
Kräfte sein, so habe keine Scheu,
dir endlich Hilfe zu holen.
Du darfst genauso Hilfe, Liebe und Annahme
empfangen, wie du diese bisher stets anderen hast
zukommen lassen.

Du darfst dir eine Pause gönnen und zur Ruhe kommen.
Du hast jedes Recht dazu, ein liebevolles Nein deinem Gegenüber mitzuteilen.
Du darfst nehmen!

9.

Es ist nicht wichtig, wie ICH dich sehe,
oder was ich von dir halte.
Viel wichtiger ist, wie DU dich siehst.
Doch kann ich dir sagen,
ich sehe DICH.

10.

Einzig dem Mann, der die Stärke besitzt,
mich zu halten,
den Mut hat, mir in meinem Geiste und Herzen
zu begegnen,
um mit mir in unserem Feuer zu stehen
und dabei die Größe besitzt,
seine Schwächen zu fühlen,
einzig diesem Mann mag ich mich
vollkommen hingeben.

11.

Ewig jung, für immer rastlos
ziehst du traurig von einer Gelegenheit zur
Nächsten.
Immer auf der Suche nach dem
nächsten Kick, der nächsten Herausforderung
und merkst nicht, dass das bunte Treiben im
Außen deine innere Leere nur noch mehr
vergrößert.
Dein eigentlicher Wunsch, so gesehen zu werden,
wie du bist, angenommen und geliebt zu werden,
rückt in weite Ferne.
Zeigst du doch stets die Heile – Welt – Fassade
eines überaus zufriedenen Menschen.
Sich wahrhaftig zeigen, ohne Wenn und Aber.
Sich öffnen und seine einzigartige Essenz zu
verströmen, gibt erst die Möglichkeit frei,
endlich gesehen, angenommen und
geliebt werden zu werden,
weil du bist – wie du bist.

VI.
Hingabe bedarf Vertrauen

1.

Nun liegst du hier.
Es gibt nichts mehr zu geben,
nichts mehr zu verlieren.
Hast gekämpft, gerungen,
dich gewehrt und gesperrt.
Bist gerannt, gesprungen,
hast dich gedreht und gedreht,
die Orientierung verloren.
Du bist durch die tiefe Dunkelheit
hindurch,
trotz Unsicherheit.
Erschöpft liegst du am Boden.
Es gibt nichts mehr zu geben,
nichts mehr zu verlieren.
Du atmest.
Lauscht deinem Atem,
spürst deinen Herzschlag,
fühlst deine Seele.
Endlich.

2.

Ich reiche dir meine Hand.
Stehe hier so klar und fest wie noch nie zuvor.
Nichts, aber auch nichts wird mich jemals
von mir, dir, uns wegbringen.
Zu hoch war der Preis, zu steinig und mühsam
der Weg zu mir, dir, uns.
Unerschütterlich und voller Liebe bleibe ich,
löse mein Versprechen ein,
was einst über viele Zeiten hinweg
gebrochen wurde.
Niemals mehr werde ich
mich, dich, uns verlassen.
Nun stehe ich hier
und reiche dir meine Hand.

3.

Es geht nicht darum zusammen zu sein,
um eine Lücke zu stopfen,
das fehlende Puzzlestück zu bekommen.
Es ist nicht Sinn und Zweck, dass zwei Hälften
zusammen ein Ganzes ergeben.
Die Erfüllung liegt darin, sich als Ganzes,
in sich vollkommenes Wesen dieser einen großen,
göttlichen Liebe zu öffnen und sich einem Du
hinzugeben, dass ebenso in sich komplettiert,
geheilt und angekommen ist.
Radikal, kompromisslos und dabei unsagbar frei.

4.

Das Leben ist ein einziger Wandel.
Nichts ist von Dauer.
Weder die guten Erlebnisse, noch die Schlechten.
Wir werden aus der Quelle geboren und dürfen in
diesem Fluss des Lebens mitfließen bis der Strom
wieder ins große Meer mündet und mit diesem
eins wird.
Es liegt immer an uns, wie wir unser Leben
wahrnehmen. Sperren wir uns gegen
unangenehme Vorkommnisse und bauen
Widerstände auf, so gerät der Fluss ins Stocken.
Das Wasser kann nicht mehr fließen.
Ist es doch das einzige Bestreben vom Wasserlauf
dahinzuströmen und zu sein.
Daher lass all deine Widerstände und Ängste
fallen. Sie verstärken nur die
Unannehmlichkeiten und fließe vertrauensvoll
mit dem Leben mit,
mit dem tiefen Wissen, dass nichts von Dauer ist.

5.

So lasse ich mich in meine Weiblichkeit fallen.
Genieße meine weichen, zarten und
anschmiegsamen Seiten.
Ich bin Frau, durch und durch.
Und ich darf es sein.
Es tut unendlich gut, sich beschützt und
aufgefangen zu fühlen,
sich in seiner ganzen Zartheit und
Zerbrechlichkeit zu zeigen.
Wohl wissend, dass hier genau meine Stärke
liegt.
Ich darf Frau sein.
Im vollen Bewusstsein, dass ich meinen Mann
stehen kann – aber nicht muss und nicht brauche.

6.

Manchmal ist es einfach so, dass dieses kleine
Mädchen in mir nur gehalten
werden möchte.

Soviel erlebt, so unsagbar viel geschafft.
Gekämpft, gewonnen und auch verloren.
Die Stärke wuchs mit jedem Angriff,
in der abgründigen Dunkelheit erstrahlte
das Licht.

Aber manchmal ist es einfach so,
dass dieses kleine Mädchen in mir einfach nur
gehalten werden möchte.

7.

Suche nicht im Außen nach Antworten,
die du nur in deinem Inneren finden kannst.
Höre auf, mit deinem Verstand
Antworten auf Fragen zu finden,
die sich jenseits dessen befinden.
Fang an, mit deinem Herzen zuzuhören,
mit deinem Herzen zu sprechen
und du wirst sehen,
wie sich deine Welt im Innen und Außen auf
wundersame Weise dreht.
Wer nicht nach Innen geht, geht leer aus.

8.

Zu sehen, wie du fällst,
dich zerstörst und deinen
Selbsthass pflegst,
aus Angst, die Liebe zu fühlen,
schmerzt mein Herz zutiefst.

Zu spüren, wie dich
deine inneren Qualen zerfressen,
zerreißt meine Seele.
Ich möchte dir helfen,
ich bin hier, nur siehst du mich nicht.

Zu wissen,
dass alles trotzdem seine Ordnung hat,
lässt mich weiterhin atmen,
gibt mir einen Frieden und die nötige Stärke
hier zu stehen,
auf dich zu warten,
auch wenn du durch den Schleier des Hasses
die Liebe nicht fühlst,
so ist sie immer da.

9.

Du bist nicht allein.
Niemals.
Auch wenn es sich manchmal so anfühlt.
In unserer tiefsten Dunkelheit,
in unserem schlimmsten Erleben
wird es plötzlich still.
Eine Stille, die dich erschreckt
und zugleich fasziniert.
Ein geräuschloser, hohler Raum,
der dir das Heiligste und Wundervollste
offenbart,
was dir bisher immer verborgen schien:
DU.
Du in deiner Einzigartigkeit, Zartheit,
Herrlichkeit, so unglaublich schön und licht.
Du bist nicht allein.
Niemals.

10.

Kannst du dir vorstellen,
dass egal was ist,
du stets gehalten bist?

Kannst du erahnen,
völlig unabhängig deiner Auslebungen,
dass du willkommen bist?

Hältst du es für möglich,
dass da jemand ist,
der jeden Aspekt, alle Bereiche
auch die Dunkelheit in dir
unendlich liebt?

Werde still und fühle.
Lass dich ein und spüre,
koste von diesem Gefühl,
dass tief in dir schlummert
und dir deine Weisheit offenbart:
Du bist geliebt,
willkommen und gehalten.

VII.
Heilung

1.

So sehe ich meine Narben und Blessuren.
Zähle sie, pflege sie und erkenne,
wie wunderschön jede Einzelne ist.

Sie erzählen leise und weise
kleine und große Geschichten.
Tauche tief ein,
schwimme, fließe,
lasse mich tragen und berühren
von Erinnerungen so schmerzhaft schön.

So sehe ich meine Narben und Blessuren.
Zähle sie, pflege sie und erkenne,
wie heilsam jede Einzelne ist.

2.

Wenn wir uns wiedersehen,
ist das was war
Vergangenheit.
Die Dunkelheit fraß unermüdlich
und gnadenlos den Bettler in uns auf.

Wenn wir uns wiedersehen,
ist alles neu,
die zerlumpten Kleider abgestreift,
die Wunden und Blessuren sanft geheilt.

Wenn wir uns wiedersehen,
bist du nicht mehr du und
ich nicht mehr ich.
Das was bleibt – ein wir.

3.

Sind wir bereit, uns ehrlich auf uns
selbst einzulassen,
jeden Winkel, jede finstere Ecke in uns
zu beleuchten,
alles, was solange gut verpackt und
streng gehütet war,
wieder sichtbar zu machen.
Lassen wir es zu, all die Gefühle,
die nicht gefühlt werden konnten,
da der Schmerz übermächtig schien,
zu fühlen, dann kann wahrhaftige Heilung
geschehen.
Eine Heilung, die jede deiner Seins-Ebenen mit
einbeziehen kann.

4.

Irgendwann stellt man ernüchternd und
schmerzhaft fest,
dass es niemals der Andere war,
der blockierte,
weglief und sich sperrte.
Der Auslöser und die Ursache lagen stets
in einem selbst.

VIII.
Die Freiheit schenkt den Neuanfang

1.

Hier stehe ich,
mitten in meinem Feuer,
brenne, glühe, fließe.
Alles wird neu.
Meine Arme sind weit ausgestreckt.
Drehe mich, tanze, springe,
mitten in meinem Feuer.
Ein Lebensgefühl fernab
jeglicher Sicherheit,
weit entfernt der Komfortzone.
Hier bleibe ich,
mitten in meinem Feuer
und schenke mich einem Jeden,
den ich berühre.

2.

Es stürmt und alles zerbricht,
nichts bleibt mehr so, wie es war.
Stein um Stein, Staubkorn um Staubkorn fällt,
zersplittert, ordnet sich neu.
Mitten im Chaos ruhe ich,
friedlich, unumstößlich und sicher.
So klar und fest, geborgen und geschützt.
Faszination und Mitgefühl zugleich,
beim Anblick der Zerrüttung,
des großen Aufruhrs.
Es scheint beides gleichzeitig zu existieren:
Frieden – Krieg.
Die Wahl liegt bei mir.
Ich wähle den Frieden.

3.

Dreh dich nicht um,
schau nicht zurück,
es ist vorbei, endlich frei.

Wie lange habe ich mich im Kreis gedreht,
dieselben Runden immer wieder gewählt.
Die gleichen Türen geöffnet,
gegen die bekannten Mauern gerannt.
Wie ein Sog, ein Teufelswerk.

Daher dreh dich nicht um,
schau nicht zurück,
es ist vorbei, endlich frei.

4.

So laufen wir durch die Straßen
in Richtung Neuanfang.
Die dunklen Geister ausgebrannt,
ein unschuldiger Blick zum Horizont.

Eintauchen, auftauchen,
in den Sturm der Veränderung.
Abheben, aufprallen,
auf dem Fundament der neuen Welt.

So laufen wir durch die Straßen
in Richtung Neuanfang.
Das neue Geleit dabei,
ein Lächeln zum Horizont.

5.

Kein Wort mehr,
kein Blick, keine Geste.
Der letzte Gedankenfunke verließ
den hohlen Raum.
Die Blase der hoffnungsvollen Erwartung
ist geplatzt.
Die anfängliche Leere füllt sich mit
einer zarten Liebkosung des Lebens und der
einfachen Leichtigkeit des Seins.
Es ist erstaunlich, wie schnell sich das Blatt
wendet, wenn eine mutige
Entscheidung
mit dem ersten Schritt in Richtung
Freiheit getan ist.
Verloren ist nichts.
Gewonnen: Alles.

6.

Warte nicht auf morgen,
schwing dich auf dein Rad,
lass den Wind mit deinen Haaren spielen,
genieße die warmen Strahlen
der glühenden Lust am Leben.

Es ist deine Zeit,
nach so vielen Jahren
der drückenden, kreisenden Unendlichkeit,
kommt, was vorgesehen.
Freiheit - grenzenlose,
unbändige, ekstatische
lustvolle Freiheit.

7.

Ist der Mut erstmal gefasst,
das Abenteuer ICH erleben zu wollen,
beginnt der erste Schritt dieser großen,
herausfordernden Reise zu uns selbst.
Der Weg ist lang, beschwerlich und
mit Tücken behaftet.
Der Gedanke des Umkehrens ist latent präsent
und zeigt sich mit voller Wucht immer dann,
wenn wir über einen Stein gestolpert sind und am
Boden liegen.
Doch wären wir keine Abenteurer,
keine mutigen Selbstforscher,
wenn uns dieses von unserem Ziel
abhalten würde.
So wandern wir weiter bis zu dem Tag,
an dem wir an der großen Pforte zu
unserem inneren Garten Eden angekommen sind.
Mit Staunen stellen wir beim Durchschreiten
des Tores fest, dass das Ziel erst der Anfang ist.

8.

Der Sturm der Veränderungen peitscht
durch die schmalen, verwinkelten Gassen.
Du hast dich langsam, aber unerschrocken
auf deinen Weg gemacht.
Bist raus aus dem kleinen, sicheren Haus
und gehst Schritt für Schritt
in Richtung Unbekannt.

Der Wind des Neuanfangs streichelt
kühn dein Gesicht,
es ist kühl,
aber doch warm – im Herzen.
Du weißt was du willst,
und nichts hält dich mehr davon ab.

Der Hauch der Liebe umhüllt dich sanft.
Sie bedeckt dich zärtlich und trägt dich
durch den pfeifenden Wind der
Zerstörung deiner alten Wunden,
führt dich achtsam und wiegend
in dein neues Ich.

Und stellst verblüfft fest,
dass der Sturm, der Wind und der Hauch
eine Einheit bilden und in der Liebe münden.

9.

Freiheit,
ein Gefühl unendlicher Weite
macht sich unaufhörlich breit.
Ist es denn möglich?
Kann es wirklich sein?
Es ist nur meine Entscheidung,
mein Ja von Nöten,
um die Endlosigkeit zu beschreiten.
Freiheit.

10.

Es gibt Zeiten,
da möchte man keinen Schritt mehr weitergehen.
Kraftlos und müde verlangt der ausgediente,
innere Antreiber nach Schlaf.
Alle Reserven sind aufgebraucht.
Nichts geht mehr – Rien ne va plus!

Kein Widerstand ist mehr aufzubringen,
was haben wir uns gewehrt, gesperrt.
Uns mit den Händen und Füßen
genau gegen diesen Zustand
mit aller Kraft widersetzt.

Und ich schreie gen Himmel:
Gott sei Dank! Endlich!
Widerstand ist zwecklos,
es verschlimmert das,
was unweigerlich zu dir will:
Das Leben.

Nutze genau diesen vermeintlich
vernichtenden Zustand und beobachte,
was dahinterliegt.

Fühle die Leere, schmecke die Stille,
atme das Nichts ein und öffne dich endlich für
das, was sich wahrhaftig nach dir sehnt:
Das Leben.

11.

Ich bin bei mir,
genieße mein Sein.
Lasse mich tragen vom Vertrauen,
verliebt in die Unendlichkeit,
in mein einzigartiges Wesen.
Teilweise staunend und sprachlos
vor Glück schaue ich auf das,
was jede Sekunde, jeden Moment
sich auf wundersame Weise zeigt.
Die Türen stehen weit auf.
Unbemerkt und leise
schaue ich zur Seite
und bin gerührt,
warst du die ganze Zeit dabei
auf meiner Reise.

IX.
Liebe

1.

I won`t let you down

Wie könnte ich dich jemals fallen lassen?
Es käme einem fallen lassen meiner
Person gleich.

Alles was ich dir antue,
füge ich mir letztendlich selber zu.

Verletze ich dich,
schneide ich mir ins eigene Fleisch.

So entscheide ich mich für die Liebe.
Liebe ich dich – liebe ich mich.

Alles beginnt und endet in mir, in dir.

2.

Wahrhaftig zu lieben heißt,
den anderen so zu lassen, wie er ist.
Ihn in seinem So-Sein,
wie auch immer das aussehen mag
anzunehmen.
Wirkliche Liebe stellt keine Forderungen,
gibt keine Richtlinie vor.
Sie zeigt sich auch, oder gerade dann,
wenn der andere in seiner größten Finsternis,
in seinen schlimmsten Auslebungen
verhaftet ist.
Diese eine Liebe war, ist und
überdauert alle Zeiten.

3.

Ich höre dich,
ohne ein Wort zu vernehmen.
Spüre dich,
auch ohne Berührung.
Sehe dich,
mit verbundenen Augen.

Das, was ich höre, spüre und sehe,
berührt mich so tief,
dass ich nicht anders kann,
als einfach nur zu lieben.

4.

Wenn Worte deine Seele streicheln,
dich im Herzen berühren,
dich fühlen lassen,
wie unendlich geliebt du bist,
ist kein Leid mehr zu spüren,
ist kein Kampf mehr möglich.
Es ist die Liebe, die sich
wie eine zarte Knospe zu öffnen beginnt.

Wenn Worte keine leeren
Phrasen sind,
sondern gefüllt mit einer Kraft,
die sich jenseits des Verstandes befinden,
ist dir nichts anderes mehr möglich,
als mitzufließen und dich zu öffnen,
ohne zu wissen, wohin die Reise geht.

Wenn Worte Liebe sind.

5.

Im Feuer der eigenen Leidenschaft stehen
zu bleiben,
das Gefühl zu verbrennen,
ein Bedürfnis auszubrechen,
wegzulaufen,
ist so unermesslich groß.
Ist es doch die Angst in der Hitze der
eigenen Glut zu schmelzen.
Zum ersten Mal ist es anders.
Ich bleibe.
Stehe.
Breite die Arme weit aus
und glühe, brenne in meinem
Feuer,
bis nichts mehr übrig bleibt.
Liebe.

6.

Glaubst du immer noch,
du könntest mir nicht genügen?
Denkst du ehrlich,
dass die Liebe nur liebt,
wenn dein schöner Schein
perfekt und glänzend ist?
Ist es wahrhaftig dein Denken,
dass die Liebe deine
dunkelsten Auslebungen,
deine vermeintlich hässlichste
Fratze niemals lieben kann?
Oh wie du irrst!
Was wäre das für eine Liebe?
Eine Farce, ein Abklatsch der
ranzigsten Fassade.
Liebe liebt...immer!
Sie liebt dich,
und noch viel mehr
in deinen finstersten Stunden.
Lediglich dein Zulassen ist von
Nöten.
Glaubst du immer noch,
du könntest mir nicht genügen?

7.

Es ist nicht wichtig,
wie deine Hülle geformt ist.
Die äußere Form ist stets dem Wandel
unterlegen.
Mich interessiert das, was dahinterliegt.
Jenseits der Fassade sehe ich den wahren Kern:
Dich.
Ohne Umschweif und Schnörkel zeigt sich
diese pure, reine und klare Essenz.
Bisher gut verpackt und behütet,
niemandem zugänglich gemacht,
dringt es allmählich durch die
bröckelnden Mauern.

8.

Stille.
Sie berauscht und betört
meine Sinne.
Ich koste von ihr
immer wieder und wieder.
Lasse mich füllen von
dieser Leere.
Tauche ein,
labe mich an ihr,
liege auf dieser
berauschenden
und sanften
Ruhe,
die mein lautes Herz
mit ihren leisen
Klängen der Gelassenheit
liebevoll besänftigt.
Stille.

9.

Jetzt - da ich wirklich
verstehe,
wahrhaftig sehe,
weiß ich erst,
wie du all die Jahre
für mich gelitten,
zurückgesteckt,
mir Raum zum Atmen
gabst,
wohl auf mich achtend,
immer leise bei mir warst.
Geduldig, manchmal schier
verzweifelnd,
wartend und hoffend
mich hast ziehen
lassen.
Jetzt - da ich ehrlich spüre,
der Schleier meiner Angst
still zu Boden fiel,
weiß ich, dass deine Liebe
immer war.
Danke.

Nachwort

Geliebtes Du,

Mein Herz sprudelt über,
vor Liebe, Dankbarkeit und tiefes
Wissen.
Du warst und bist mir mein größter Lehrer,
mein gewaltigster Schmerz,
meine tiefste Erfahrung,
die bedeutendste Herausforderung,
die Liebe meiner Leben.
Ohne dich wäre der Weg zu mir nicht möglich
gewesen.

Mögest auch du all das, was dein Herz sich
sehnlichst wünscht in dir finden.
Möge die Freiheit, die Fülle und die Liebe von
nun an dein tragender Boden in deinem Leben
sein.
Frei, geheilt und angekommen im Hier und
Jetzt.

In Liebe zu mir, zu dir, zu uns.
Von Anbeginn der Zeiten und darüber hinaus
Ewig

Yvonne

Hier ist Platz für eigene Gedanken